LIVRE DE DIVERTISSEMENT

LE LIVRE DES DEVINETTES

CE LIVRE PROPOSE UNE BONNE QUANTITÉ DE DÉVINETTES, NE SOYEZ PLUS JAMAIS A COURT ET FAITES JOUER VOS AMIS OU VOTRE FAMILLE

N'HÉSITEZ PAS À NOTER LE LIVRE SUR AMAZON.FR

1. On me voit une fois dans la journée, une fois dans la nuit et deux fois dans l'année. Qui suis je ?

2. Qu'est ce qui est plus grand que la Tour Eiffel, mais infiniment moins lourd.

3. En ce moment citez deux choses qui sont identiques en étant différents sans être réel ?

4. J'ai 1000 frère chacun en a 1000.Combien nous sommes ?

5. Un fermier a 17 vaches et elles meurent toutes sauf 9.Combien en reste-t-il ?

6. Pierre et Marie sont deux enfants d`une famille nombreuse. Pierre a deux fois plus de soeurs que de frères et Marie a autant de frères que de sœurs.Combien d'enfants sont-ils?

Réponse :

1.La lettre N 2. son ombre 3. les i de identiques et différents 4. 1001 5. il en reste 9. 6. 7 enfants, soit 4 filles et 3 garçons

7. Je ne fais pas de bruit quand je me réveille mais je réveille tout le monde.Qui suis-je ?

8. Je suis Sophie, mais je ne suis pas Sophie. Qui suis-je ?

9. Combien de temps peut vivre une souris ?

10. Combien de gouttes d'eau peut-on mettre dans un verre vide ?

11. Je ne peux pas marcher, j'ai pourtant un dos et quatre pieds. Qui suis-je ?

12. On peut me trouver au fond d'un bateau de pêche ou au milieu d'un court de tennis.Qui suis-je donc ?

Réponse :

7. Le soleil 8. son chien 9. Cela dépend des chats 10. Une seule, parce qu'après le verre n'est plus vide ! 11. Une chaise 12. un filet

13. Complétez la série suivante :5 2 8 9 4 7 …

14. Quand peut-on ajouter 2 à 11 et obtenir 1 ?

15. Décodez gçhuçè'v(çè(bo »npçhe »bm à l'aide d'un clavier

16. Décodez ceci : L'nmiaccd'htck72kpdp

17. Lorsqu'on me nomme, je n'existe plus. Qui suis-je ?

Réponse :

13. 6 3 1 0 (ordre alphabétique). 14. Sur l'horloge: 11 h + 2h = 1h. 15. Il faut taper au clavier (azerty) sur la lettre en dessous de celle écrite :bonjour tout le monde ! 16. Il faut lire en phonétique: L'ennemi n'a cessé d'acheter ces cassettes de cape et d'épée. 17. Le silence

18. Si en amour ils sont appréciés, les gros, eux, sont a eviter. Les auteurs en ont de fameux, et certains servent pour des jeux. Qui sont-ils ?

19. Il aime a être monté et suivi, et l'imiter est toujours bon. Il peut servir de lecon, et de mise en garde aussi. Qui est-il ?

20. Cette donnée que l'on voit changer tout au long de l'année peut être fixée pour se rencontrer. Qui est-elle ?

21. Si tu trouves le passage, alors je t'apparais. Tu pourras me garder ou bien me partager. Mais si tu me partages, alors je disparais. Que suis-je ?

Réponse :

18. Les mots 19. l'exemple 20. La date ! 21. le secret

22.On le demande, on le suit, on le perd, on le passe. Qui est-il ?

23. Toujours le premier, jamais le dernier, rien sans lui n'est jamais fini, car rien ne peut commencer sans lui. Qui est-il ?

24. Un chauffeur de taxi passe au feu rouge. Un policier le voit. Il va lui parler puis le chauffeur de taxi repart normalement sans aucun PV.Pourquoi ?

25. Je peux être berceau, mais je peux servir à tuer.Je suis une source d'énergie relativement primitive, mais on m'utilise encore fréquemment.Je suis à la base des merveilles du monde, mais aussi du plus petit abri.Qui suis-je ?

Réponse :

22. Le chemin ! 23. Le début ! 24. Parce-qu'il était a pieds 25. le bois

26. Comme chaque année c'est le concours des inspecteurs de la police. Examens après examens les participants sont éliminés jusqu'à ce qu'il n'en reste plus que deux.Alors l'inspecteur en chef leur explique la dernière épreuve:– Vous avez 30 minutes pour me rapporter le code caché entre les pages 167 et 168 d' un livre de la bibliothèque municipale. Comme vous le savez, celle-ci est très grande et possède énormément de livres, ainsi vous aurez besoin de faire preuve de génie pour découvrir dans quelle œuvre se trouve le message.Le problème étant énoncé, l' un des participant part en courant pour se rendre à la bibliothèque. Mais le deuxième, lui, reste sur place.Alors l'inspecteur en chef lui demande pourquoi ne fait-il pas de même.La réponse du policier suffit à ce qu'il gagne le concours.Quelle a été sa réponse ?

Réponse :

26. La page 167 et 168 sont sur la même feuille, ainsi il ne peut y avoir de code caché entre les deux.

27. Quand je marche, je reste sur place.Je peux m'arrêter même si je ne bouge pas.Bien que je ne descende jamais, il faut toujours me remonter.Qui suis-je ?

28. Plus il est chaud et plus il est frais ?

29. Qu'est-ce qui est bleu est qui fait poutpout?

30. Vous devez trouver la lettre qui finit la suite suivante: L,M,M,J,V,S...

31. Devant qui, même la personne la plus influente du monde, doit enlever son chapeau.

Réponse :

27. La pendule ! 28. Le pain. 29. Un poutpout bleu. 30. C'est le D ! (Car lundi, mardi, mercredi...) 31. Le coiffeur

32. Qu'est qui peut retenir l'eau même si elle a des trous ?

33. Deux hommes sont dans le désert. L'un est vivant et l'autre est mort. Ils ont chacun un sac à dos. Celui du vivant est ouvert, celui du mort est fermé.Qui avait-il dans les sacs ?

34. On y entre par un trou et on en sort par deux.

35. Nous ne sommes pas le lendemain de lundi, ni le jour avant jeudi. Demain n'est pas dimanche et ce n'était pas dimanche hier, alors que le jour d'après-demain n'est pas samedi et que le jour avant-hier n'était pas mercredi.Quel jour sommes nous?

Réponse :

32. Une éponge 33. Un parachute 34. Un pantalon. 35. Le dimanche

36. Je suis né muet mais après 40 ans j'ai enfin fini par parler.Qui suis je ?

37. Grâce à moi elle est belle.Qui suis-je ?

38. Un jour le bouffon d'un roi fait une remarque impertinente de trop.Le roi excédé le condamne à mort (à cette époque cela ne rigole pas). Mais puisque le bouffon a tout de même amusé le roi pendant très longtemps, celui-ci, par sympathie, lui permet de choisir la manière dont il mourra.Comment va faire le bouffon pour se sortir de ce mauvais pas ?

39. Qu'est-ce qui est devant mais qu'on ne voit jamais.

Réponse :

36. Le cinéma 37. La lettre B 38. il choisit de mourrir de vieillesse 39. le futur

40. Au cours de sa cueillette, une paysanne, mère de huit enfants, n'a ramassé que 5 pommes.Elle parvient pourtant à partager équitablement les fruits entre tout ses enfants.Mais comment a-t-elle fait ?

41. J'ai des feuilles, mais je ne suis pas un arbre.j'ai une couverture, mais je ne suis pas un lit.Qui suis-je ?

42. Claude à un père, mais son père n'a pas de fils.Comment est-ce possible ?

43. Avec les lettres de mon nom je peux écrire celui de ma maison.Qui suis-je ?

44. Un homme et son fils ont 36 ans à eux deux. L'homme a 30 ans de plus que son fils. Quel âge a le fils ?

Réponse :

40. Elle a fait de la compote ! 41. Un livre. 42. Claude est une fille 43. Le chien car la niche est sa maison. 44. Il a 3 ans.

45. Est-ce que le 14 juillet existe en Angleterre ?

46. Je suis né dans l' eau, je vis dans l eau, mais une fois sorti de l'eau, si celle-ci me touche à nouveau, je disparais.Qui suis-je ?

47. Quelle est le nombre auquel quand on lui ajoute le même nombre, sa moitié, son quart et 1 donne 100 ?

48. Quels sont les 4 chiffres consécutifs qui additionnés font 10 ?

49. Vous avez 4,4,4 et 4.Vous pouvez utiliser l' addition, la soustraction, la multiplication et la division. Vous devez trouver au final le résultat 20.

Réponse :

45. Oui 46. Le sel 47. Ce nombre est: 36… 48. 1+2+3+4=10. 49. …4 divise 4 ce qui donne 1.1 + 4 est égale à 5.Et enfin 5 * 4 donne le résultat 20.

50. Exponentiel et Logarithme vont au restaurant, qui paie ?

51. Un petit oiseau rencontre ses amis et leurs dit:Bonjour la centaine!Alors l'un d'entre eux lui répond:Nous ne sommes pas cent, mais si tu t'ajoute à nous plus notre moitié nous serons cent.Combien sont les petits oisillons ?

52. Quel nombre s'inverse quand on le multiplie par 9 ?

53. Faut-il dire :6 + 7 font » t'onze » , » onze » , ou » z'onze » ?

54. combien y a-t-il de 7 dans un livre numéroté de 1 à 120 pages ?

Réponse :

50. Exponentiel, car logarithme Népérien. (ne paie rien) 51. 66+1+33=100...52. 1089 x 9 = 9801 ...53. 6 + 7 font treize. 54. 22 fois le chiffre 7

55. Tu peut enlever ma peau, je n'ai pas mal, mais tu risque de pleurer, Qui suis-je ?

56. Je suis dans l'eau, et tu voit seulement un tier de mon corps, qui suis-je ?

57. Pourquoi les livres de mathématiques sont toujours tristes ?

58. Un nénuphar double de taille chaque jour.Au bout du 100eme jour, il a recouvert la totalité de la marre.En combien de jours en avait-il recouvert la moitié?

59. Quel est le mode de transport préféré des vampires ?

60.Qu'est-ce qui a deux aiguilles mais qui ne pique pas ?

Réponse :

55. Un oignion 56. un iceberg 57. Parce qu'ils ont des problèmes. 58. Au bout du 99eme 59. Le vaisseau sanguin. 60. Une montre.

61. qu'est ce qui a 2 branches mais pas de feuille ?

62. Quel est le numéro préféré du vampire ?

63. C'est le fils de ma mère mais c'est pas mon frère, qui est-ce ?

64. Où sont les poissons sportifs ?

65. Quel est le fruit préféré des militaires ?

65. On m'entend mais on ne me voit pas. Qui suis-je ?

67. Qu'est-ce qui peut faire le tour d'une maison sans bouger ?

Réponse :

61. Des lunettes 62. Le 100 63. c'est moi 64. Dans une mare à thon. (marathon) 65. la grenade 66. la voix 67. Le mur

68. Quand je mange je grandis et quand je bois je meurs.Qui suis je ?

69. Je peux faire le tour du monde tout en restant dans mon coin, qui suis-je ?.

70. Qu'est-ce qui est né grand, et qui meurt petit ?

71. Je vous sort des ennuis, je peut aussi être un fruit, qui suis-je ?

72. Quel est le fruit qui a ses pépins à l'extérieur ?

73. J'ai un pied mais je ne marche pas. Qui suis-je ?

Réponse :

68. Le feu 69. Un timbre. 70. une bougie 71. l'avocat 72. La fraise 73. Un champignon

74. Une personne très sérieuse dit les phrases suivantes :– Tous mes cheveux sont blonds sauf deux.– Tous mes cheveux sont bruns sauf deux.– Tous mes cheveux sont roux sauf deux.Combien a t'elle de cheveux ?

75. J'ai 48 ans mais j'ai fêté mon anniversaire que 12 fois, pourquoi ?

76. Qu'est ce qui peut traverser une fenêtre qui est fermée ?

77. Je suis toujours loin, et lorsqu'on s'approche de moi je recule invariablement. Qui suis-je ?

78. Quelle est la surface où on cherche le rayon pour trouver le volume.

Réponse :

74. Trois, un de chacune des couleurs qu'elle a citées. 75. Parce que je suis né le 29 février (année bissextile). 76. Le soleil 77. Je suis l'horizon 78. La bibliothèque

79. Un homme lave les vitres du dernier étage de la tour Montparnasse.Il ouvre la vitre, saute mais ne se tue pas.Pourquoi ?

80. Je commence par E et je me termine par E.J'ai une lettre dans mon corps mais je ne suis pas E.Qui suis-je?

81. Qu'est ce qui est très facile à soulever et pourtant difficile à lancer ?

82. Que faut-il casser avant de l'utiliser ?

83. Quel objet est frileux ?

Réponse :

79. Parce qu'il lavait les vitres de l'extérieur. 80. une enveloppe 81. Une plume 82. Un œuf 83. Le livre, car il porte toujours une couverture.

84. J'ai des dents, mais je ne mange pas, qui suis-je ?

85. Qu'est-ce qui tourne sans bouger?

86. Comment sortir du casino avec une petite fortune ?

87. Une tortue dit à un renard:– « Je suis sûre que je peux te battre au 100 mètres même en démarrant 200 mètres derrière toi ! »Est-ce possible ?

88. Je suis un jeux, mon point de départ est mon point d'arrivé, qui suis-je ?

89. Qu'est ce qu'un 'bûceron' ?

Réponse :

84. un rateau 85. le lait 86. Y entrer avec une grosse fortune 87. Les animaux ne parlent pas 88. un boomerang 89. C'est un bûcheron sans hache.

90. Je suis les parents d'un homme invisible, qui suis-je ?

91. J'ai quelque-chose dans ma poche, mais ma poche est vide.Qu'est-ce que c'est ?

92. J'ai des dents noires et blanches, je fait de la musique, je suis le premier support d'un apprentissage, qui suis-je ?

93. Je fais grossir mais je ne change pas le poids.Qui suis-je ?

94. Quand je suis sale, je suis blanc et quand je suis propre, je suis noir. Qui suis-je?

Réponse :

90. transparents 91. un trou 92. le piano 93. la loupe 94. Le tableau d'école

95. J'ai quatre fois l'age de mon fils et dans 20 ans j'aurai 2 fois son age.Quel age avons nous ?

96. Je suis dans le ciel, mais également dans la mer, qui suis-je ?

97. J'ai 11 frères, je suis le plus petit d'entre eux, mais pourtant je suis le 2iéme après le premier. Qui-suis-je ?

98. En hiver il a perdu presque toute ses feuilles, mais ce n'est pas un arbre. Qui est-ce ?

99. Pourquoi lorsque l'on cherche une clef, c'est toujours dans la dernière poche qu'elle se trouve ?

Réponse :

95. J'ai 40 ans et mon fils 10. 96. une étoile 97. Le mois de février 98. Le calendrier 99. Parce que après avoir trouver, vous ne chercherez plus d'autres poches.

100. Je suis un gros caillou visible uniquement la nuit, je prend plusieurs formes

101. Mon premier est une boisson. Mon deuxième est une boisson. Mon troisième est une boisson. Mon tout est une boisson.

102. Mon premier est un oiseau bavard.Mon second est une note de musique.Mon troisième se trouve au milieu du visage.Mon tout est un massif montagneux.

103. Mon premier est entre 1 et 3.Mon deuxième est l'inverse de la mort. Mon troisième est l'inverse de flou.Que suis-je ?

104. Mon premier est un musicien célèbre.Mon deuxième est une note de musique.Mon troisième est aussi une note de musique.Mon tout est un fromage italien.Qui suis-je ?

Réponse :

100. la lune 101. café-eau-lait 102. Pie ré nez (Pyrénées).103. La dévinette. (deux vie net) 104. La mozzarella (Mozart ; ré ; la).

105. L'accouchement est avant la grossesse. l'enfance est avant la naissance. l'adolescence est avant l'enfance. la mort est avant le vie... Qui suis-je ?

106. J'étais hier.Je serai demain.Qui suis-je ?

107. J'ai une couronne, je vit dans un palais, mais je ne suis pas un roi, qui suis-je ?

108. Thierry et Adam sont dans la rue.Le premier regarde en direction du Nord tandis que l'autre regarde en direction du Sud.Mais ils arrivent quand même à se voir.Pourquoi ?

109. Je suis un morceau de livre, et ma première syllabe est un animal, qui suis-je ?

Réponse :

105. un dictionnaire 106. Aujourd'hui 107. une dent 108. ils sont face à face 109. un chapitre

110. Je suis un animal.5 voyelles et une seule consonne composent mon nom. Je porte sur ma personne de quoi écrire mon nom sans crayon. Qui suis-je ?

111. Je suis un sport, je fais un bruit répétitif en alternance. Qui suis-je ?

112. Je coule mais je ne me noie pas. J'ai une gorge mais je ne parle pas. J'ai un lit mais je ne dors pas. qui suis-je ?

113. je rentre toujours la première et sors toujours la dernière, qui suis-je ?

114. Je suis utile pour les enqueteurs, et également pour ceux et celles qui cherches des solutions

Réponse :

110. un oiseau 111. le ping pong 112. une rivière 113. une clef 114. un indice

115. Décoder 13-1-13-1-14

116. Quelle est la moitié de 2 plus 2 ?

117. Je possède 5 doigts mais je ne suis pas biologique. Qui suis-je ?

118. je suis marron, puis noir, je deviens rouge, et je finis blanc...

119. Quel est le plus gros chiffre existant ?

120. Décoder "qbqb"

121. Je suis rond, profond et sous terre, je ne sèche jamais. Qui suis-je ?

122. ôtez moi une lettre, ôtez m'en deux, ôtez les moi toutes, je reste toujours le même !qui suis-je ?

Réponse :

123. 10*10 = XxX, expliquez..

125. Je suis le numéro de l'énigme précédente,

126. Si je suis muet, aveugle et sourd, combien de sens me reste-t-il ?

127. Je suis un mot, et je suis drole si on m'ajoute une lettre, qui suis-je ?

128. Si la fille de Teresa est la mère de ma fille, qui suis-je pour Teresa ?

129. Je suis d'eau, je suis d'air, et je suis d'électricité. Qui suis-je ?

130. a l'aide d'un appareil, on me prend sans me toucher. Qui suis-je ?

Réponse :

123. les chiffres romains 125. le nombre "124" 126. "3" :la voix n'est pas un sens 127. role 128. Je suis son gendre. 129. Le courant 130. une photographie

131. Je suis un ensemble de 4 lettre, je décrit tout les êtres vivant, qui suis-je ?

132. Je suis immobile pendant la vie et je me promène durant ma mort. Qui suis-je ?

133. décryptez : "koala-iris-tigre-astrolabe-magique-garage-indépendant-nageoire-escalier"

134. Mon premier est seul. Mon second est terminé.Mon tout n'a pas de fin.

135. L'ami de mon père a 7 filles. Chacune des filles a 1 frère. Combien l'ami de mon père a d'enfants ?

Réponse :

131. les 4 nucléotides A,G,C et T présents dans l'ADN 132. Une feuille d'arbre 133. enigmatik 134. l'infini 135. 8 enfants

136.

1 1 1 = 9 Quel sont les signes manquants ?

137. Aussi beau qu'un lever de soleil, aussi délicat que la brume matinale, la poussière d'ange qui tombe des étoiles peut changer la terre en une lune gelée. Qui suis-je ?

138. C'est comme une pierre blanche tombant dans une mer noire. L'amer devient doux et la pierre disparaît à jamais.

139. Grâce à moi on peut se nourrir. Beau quand on me fait fleurir, je suis toujours ouvert au public

140. Il est vraiment fameux. On n'en sort jamais sans mal et pour les enfants c'est un jeu.

Réponse :

136. $(1+1+1)^2$ 137. la neige 138. le sucre 139. les jardins 140. un labyrinthe

141. Il est le blé, le sel et la terre. Il peut compter le temps, sombrer dans
la folie ou tomber en poussière.

142. Son utilité première ne servait pas pour nous élever mais une fois
trempée, elle était utile pour nous élever
l'esprit.

143. Nous faisons plus de bruits mortes que vivantes. Nous annonçons une
nouvelle saison.

144. Sans elle, certains ont peur mais une fois mise, elle chasse les mauvais
rêves.

145. On ne m'apprécie ni grand ni petit et on m'efface avec une
solution.

Réponse :

141. un grain 142. une plume 143. une feuille 144. une couverture 145. un problème

146. Autrefois, à la garder je risquais de perdre la vie. Aujourd'hui, je peut y miser mes économies.

147. Tourner ainsi me fait toujours revenir sur mes pas alors que je suis féminines a l'oreille, et également pratique en algorithmie.

148. Je suis souvent demandé avec appréhension. Lorsque je suis grand, on me considère comme un sport. Je peux aussi être une récompense.

149. Pour me respecter il faut me donner et pour me donner il faut m'avoir.

150. J'ai six clés sans serrures. Si tu me grattes je murmure.

Réponse :

146. la bourse 147. la boucle 148. un prix 149. une parole 150. une guitare

151. Je viens sans qu'on y pense, je meurs à
ma naissance. Celui qui me suit
ne vient jamais sans bruit.

152. Nous sommes deux sœurs et nous
sommes fragiles. À nous deux, nous
pouvons faire disparaître le monde.

153. On me met sur la table, on me coupe,
et pourtant on ne me mange pas.
De plus, on me bat par plaisir.

154. Il suffit d'un oui ou d'un non pour que
nous nous séparions, nous sommes un duo
inversé dans le corps humain.

155. Je suis léger comme le coton, je peux
être de glace ou d'avoine.

Réponse :

151. un éclair 152. des paupières 153. des cartes
154. des lèvres 155. un flocon

156. On me jette lorsque l'on a besoin de moi et on me reprend quand on a
plus besoin de moi.

157. J'apparais une fois par minute, deux fois par moments ou de temps en
temps,
jamais en un siècle. On me voit sur la montre, jamais sur l'horloge.

158. Je peux être d'or ou de varicelle.

159. Je suis le vent et bien que je sois noir, gros ou blanc, il n'y en n'a pas
deux comme moi.

160. Machine de guerre, des murs lui cédèrent naguère. Généralement il
blatère et c'est aussi un signe de terre.

Réponse :

156. un ancre 157. la lettre 'M', 158. un bouton 159. un nuage 160. un bélier

161. Rond ou carré, je suis plutôt bien moulé. En collation ou gratiné, je fais partie des produits laitiers.

162. C'est un virage qui ne mène nulle part.

163. J'ai la peau dure et marque l'allure. Pour la guerre ou la fête, je marche à la baguette.

164. Couchée avec mes sœurs, j'ai la tête rouge. Lorsqu'on me frotte, ma tête devient jaune et orange. Lorsqu'il y a un coup de vent, ma tête devient noire.

165. Très dur ou très foncé, très sec ou très humide, on me cherche au lit.
Je peux être très petit ou très gros. Que je sois carré ou à la mer, les enfants aiment jouer avec moi.

Réponse :

161. un fromage 162. un cercle 163. un tambour 164. une allumette 165. le sable

166. Trop près de moi, c'est la mort assurée.
Trop loin de moi, tu ne peux
exister.

167. Personne ne me veut mais quand on
m'obtient, on ne veut pas me
perdre.

168. Le vinaigre n'est pas conseillé si on veut
m'attraper. Je suis toujours
évoquée lorsque la cible est touchée.

169. Me rendre c'est en avoir ras-le-bol. Je
suis une protection et je sers à
l'école contre les tâches.

170. Autrefois utile pour faire chauffer un lit,
on me voit toujours dans
mon habit.

Réponse :

166. le soleil 167. la guerre 168. une mouche
169. un tablier 170. le moine

171. Plus je suis courte, plus je suis mauvaise. Plus je suis mauvaise, plus je trahis.

172. Insaisissable et invisible, je vais très vite. Si vous arrivez à vous
mesurer à moi, cela fera beaucoup de bruit.

173. J'ai un toit de fer, des murs de verre et une chambre où ça flambe.

174. Minuscule et léger, il est de toutes les fêtes. Si pour rire on vous en
jette, ne craignez rien, c'est sans danger.

175. Quel est l'animal qui marche sur quatre pattes le matin, sur deux
pattes le midi et sur trois pattes le soir?

176. Vert, il parle du nez et dit tout ce qu'on lui fait dire. Parfois, il nous
demande avec colère si nous avons bien déjeuné.

Réponse :

171. la mémoire 172. le son 173. une lanterne 174. des confettis 175. l'homme 176. un perroquet

177. Frères jumeaux vivants à peu de
distance, on voit le bien et le mal. On
ne parle qu'en silence.

178. .Aussi léger qu'une plume, personne ne
peut le retenir plus de dix
minutes.

179. Froid comme la mort, vif comme
l'argent, je n'ai jamais soif. En fait, je
bois sans arrêt.

180. Je suis le point de départ sans mener
nulle part. je suis la terreur de
l'écolier surtout s'il est pointé.

181. Quand on joue il faut me rattraper.
Quand on me tire il faut que
j'atteigne la cible.

Réponse :

177. des yeux 178. le souffle 179. un poisson 180.
le doigt 181. une balle

182. .Je peux naître d'un lapin ou d'un
agneau. Brute ou peignée, je vous
tiens toujours chaud.

183. Je réussis d'un simple tour là où
échouent les coups les plus durs. Celui
qui me perd doit dormir dans la rue.

184. Je suis utile mais on ne veut pas
m'utiliser. Je n'aime pas le vent et je
suis souvent mouillé.

185. Je suis souvent utilisée en laboratoire.
À l'ordinateur, je suis manuelle
et rapide.

186. Provoquée en famille ou d'idée. Bien
que chacun puisse la chercher, nul
ne sait comment l'arrêter.

187. Chagrine le matin mais redonne l'espoir
le soir.

Réponse :

182. de la laine 183. des clés 184. un parapluie
185. une souris 186. une querelle 187. araignée

188. Je vais partout, par monts et par vaux.
Ma morsure est dure mais
jamais n'avale.

189. J'ai des racines que nul ne voit. Je suis
plus grand que les arbres, cela
même si je ne grandis jamais.

190. .Je suis un général à la tête d'une armée
et sans moi, Paris serait pris.

191. Je suis fort, faible, et répétitif. Je parle
toutes les langues
sans jamais les avoir apprises.

192. Quand on en est loin, on n'y pense pas.
Plus on s'en approche, plus on y
pense. Quand elle est là, on y pense plus.

193.Celui qui me fait me vend, celui qui
m'achète ne se sert pas de moi et
celui qui se sert de moi ne le sait pas.

Réponse :

188. le froid 189. une montagne 190. la lettre 'A',
191. l'Echo 192. la mort 193. le cercueil

194. L'accepter revient à tout refuser. Le refuser revient à tout accepter.

195. Amie du vent, elle fait avancer les choses.

196. Il porte un message de guerre ou de paix et il marche souvent audevant des armées. D'un souffle, il peut se lever et donner le signal
d'une victoire à tout un peuple

197. Je ne suis pas un verre, ni un ver, mais je suis de la même couleur

198. Je suis un ensemble de bruit organisé, et souvent fabriqué a l'aide de plusieurs objets et personnes

199. Je sonne et vous parlez. Qui suis-je ?

Réponse :

194. le doute 195. le voile 196. un drapeau 197. la couleur verte 198. la musique 199. le téléphone

200. Je suis tout rond et rebondi. Certains me frappent du pied, d'autres de la main. Qui suis-je ?

201. On me regarde le matin pour savoir si on est le plus beau ou la plus belle. Qui suis-je ?

202. Je suis un instrument de musique originaire de Bretagne. On me souffle dedans. Qui suis-je ?

203. On me trouve sur le noyer. Qui suis-je ?

204. Je suis rouge vif, j'existe sans exister, et pourtant je suis danger.

205. Je suis offert dans les occasions, et je suis le fruit d'une reproduction, qui suis-je ?

Réponse :

200. le ballon 201. un miroir 202. le biniou 203. la noix 204. le feu 205. une fleur

206. Je suis une suite d'image envoyé dans une fréquence précise.

207. Je suis le système qui organise la population avec des débats et des lois.

208. Fabriqué sur les iles pour s'échapper, mais aussi par plaisir pour jouer, qui suis-je ?

209. Je suis le chiffre qui suit 15 dans l'échelle négative

210. Je suis un instrument que tu peut entendre, mais pas toucher ni voir

Réponse :

206. une vidéo 207. la politique 208. un radeau 209. le nombre 14... 210. la voix

Un homme se réveille chez lui, dans le noir complet. Dans son tiroir, il y a 6 chaussettes noires, 4 blanches et deux rouges. Combien doit-il prendre de chaussettes au minimum pour être certain d'avoir deux chaussettes de la même couleur ?

Vous devez faire un trajet de 1000km. Au bout de 500km, la voiture vous affiche 100km/h de moyenne. À quelle vitesse faut-il rouler pour la suite pour que la voiture affiche 200km/h de moyenne sur le total du trajet ?

Réponse non distribuée

Un homme aveugle doit toujours prendre 2 comprimés rouges et 2 comprimés bleus chaque jour, sinon il meurt. Un jour, il mélange les 4 pilules et pourtant, sans aide, il va réussir à les prendre correctement. Comment ?

Réponse non distribuée

Merci d'avoir lu ces énigmes, nous espérons que vous avez passé de bons moments. N'hésitez pas à noter cet ouvrage sur amazon.fr !

www.ingramcontent.com/pod-product-compliance
Lightning Source LLC
Chambersburg PA
CBHW061532250726
48657CB00005B/2192